Inglês-Português

The Ugly Duckling
O Patinho Feio

Adaptação: Arianna Candell
Ilustrações: Daniel Howarth

EDITORIAL PRESENÇA

Once upon a time, in a country house surrounded by leafy forests, a mother duck incubated her eggs in quite a wild place near the river. Between the trees, some lakes with clear and deep waters could be seen. The little duck waited impatiently for her ducklings to hatch.

Certa vez, numa casa de campo rodeada por bosques frondosos, estava uma mãe-pata a chocar os seus ovos num sítio bastante selvagem, perto do rio. Por entre as árvores, viam-se alguns lagos de águas límpidas e profundas. E a mãe-pata esperava impacientemente que os seus patinhos saíssem dos ovos.

The mother duck couldn't leave her eggs even for a moment. She couldn't go and swim with the other ducks or run about from one place to another like they did. Luckily, from time to time, they took a rest and came to chat with her for a while. For many days now, she had done nothing but incubate her eggs and she was starting to get a bit bored.

A mãe-pata nem por um
momento podia abandonar os ovos.
Não podia ir nadar com os outros
patos, nem andar a correr de um lado
para o outro, como eles faziam.
Por sorte, de vez em quando
lá vinham alguns conversar um
pouco com ela. Mas já havia muitos
dias que não fazia nada senão
chocar os ovos e começava
a ficar um bocado farta.

🐢 Finally, one after the other, the eggs started to hatch.

– Cheep-cheep! – they said. All the ducklings started to stick their heads out. They came out of the eggs immediately and started to run through the grass behind their mother. How happy they were!

🐇 Finalmente, uma após outra, as cascas começaram a quebrar-se.

– Piu-piu! – fizeram todos os patinhos, começando a pôr as cabeças de fora. Logo a seguir, saíram dos ovos e puseram-se a correr pela erva, atrás da mãe. E como estavam contentes!

🐢 The duck counted her children and realized that the largest egg hadn't cracked open yet, so she continued incubating it until it hatched.
– Cheep-cheep! – said the duckling, coming out of the shell.
He was very large and different from the others and his mother thought that he didn't look at all like his lovely little brothers and sisters.

🐇 A mãe-pata contou os filhos e viu que o ovo maior ainda não eclodira, de maneira que continuou a chocá-lo, até o patinho nascer.
– Piu-piu! – fez o patinho, saindo da casca. Era muito grande e diferente dos outros, de maneira que a mãe achou que ele não se parecia nada com os seus bonitos irmãos e irmãs.

🐢 When they saw him, the other ducks in the place were as surprised as the mother and said that he wasn't a duck like the others, but a baby peacock, as he was quite ugly and had grey feathers.

– We'll soon find out! – said the mother sadly. – It's time for their first bath; we'll see whether he can swim.

Quando o viram, os vários patos das redondezas ficaram tão admirados como a mãe-pata e disseram que ele não era um pato como os outros e sim uma cria de pavão, porque era muito feio e tinha penas cinzentas.

– Isso já se vai descobrir! – disse a mãe-pata, muito triste. – Está na altura de tomarem o primeiro banho e logo veremos se ele é capaz de nadar!

🐢 The mother jumped into the water and all the ducklings copied her one after the other. Even the ugly grey duckling followed them!
– No, he's not a peacock, because he can swim very well! – said his mother pleased. – Look how he's moving his little feet under the water.

🐇 A mãe-pata atirou-se à água e todos os patinhos a imitaram, uns atrás dos outros. Até o patinho feio e cinzento os seguiu!
– Não, não é pavão nenhum, porque sabe nadar muito bem! – disse a mãe-pata satisfeita. – Vejam como ele dá às patinhas debaixo de água!

– Quack-quack! Follow me ducklings, I'm going to show you all the corners of the house right up to the poultry yard – announced their mother. – Don't hang about! Don't trip over, because well educated ducks always walk with their feet forwards, like mum and dad. Now tilt your neck a little and say: "Quack-quack!".

– Quá-quá! Venham, patinhos, que eu vou mostrar-vos todos os cantos da casa, até ao pátio da criação – anunciou a mãe-pata. – Não fiquem para trás! E não tropecem, porque os patinhos bem-educados andam sempre com as patas bem para a frente, como o papá e a mamã. E agora inclinem um bocadinho o pescoço e digam: "Quá-quá!"

🐢 They walked all round the poultry yard and although the duckling tried to do what their mother told them, the other ducks laughed at him:

– Hey! That's a funny looking duck! We don't like it at all!

Even a wise old mother duck said that the grey duckling was the most unfortunate looking one she had ever seen in her whole life.

Passearam pelo pátio todo, mas, apesar de o patinho cinzento tentar fazer tudo o que a mãe lhe dizia, os outros riam-se dele.

– Olha! Que ar tão patusco que tem aquele pato! Não gostamos nada dele!

Até uma velha pata, sábia mãe de família, disse que o aspecto do patinho cinzento era o mais lamentável que alguma vez tinha visto na vida.

🐢 – He might not be handsome – said the mother, – but he has a big heart and swims as well as the others, perhaps even better – she said as she smoothed down the grey duckling's neck feathers.
– My children and I would like to be able to stay in the yard – said the mother.
– Make yourselves at home – replied the old mother duck.

🐇 – Pode não ser bonito, mas tem bom coração e nada tão bem como os outros, ou talvez até melhor – disse a mãe, enquanto alisava as penas do pescoço do patinho cinzento.
E depois acrescentou:
– Eu e os meus filhos gostávamos de poder ficar aqui no pátio.
– Façam de conta que estão em vossa casa – respondeu a pata velha.

🐢 But the poor little duckling looked so ugly and he was pecked and pushed around and the ducks and hens didn't stop harassing him.
– He's too big! – they said.
The poor duckling didn't know where to hide so that they would leave him in peace and stop making fun of him.

Mas, como o patinho cinzento era tão feio, todos o bicavam e empurravam, e os patos e as galinhas não paravam de o atormentar.

– É grande de mais! – diziam.

O pobre patinho não sabia onde havia de se esconder, para o deixarem em paz e pararem de fazer troça dele.

🐢 Every day, things got worse and so the duckling decided to leave. He put on a brave face and crossed the river.
"Poor me… where will I go being so ugly?" thought the duckling as he continued walking away.

🐇 As coisas iam piorando a cada dia que passava, de modo que o patinho resolveu ir-se embora. Encheu-se de coragem e atravessou o rio.
"Coitado de mim... para onde hei-de ir, sendo tão feio?", pensava o patinho, continuando a afastar-se.

23

🐢 It was night by the time he reached the lake where the wild ducks lived. He was so tired… that he decided to stay there and rest until they discovered him and threw him out. But those ducks paid no attention to him.

A few days later, some duck hunters went out to hunt. The duckling was very scared, but as he was intelligent, he hid between the reeds and nothing happened to him.

🐇 Já de noite, chegou ao lago onde viviam os patos bravos. Estava tão cansado... que decidiu ficar ali a descansar até que o descobrissem e mandassem embora. Mas aqueles patos não lhe deram importância. Alguns dias mais tarde, uns caçadores de patos vieram à caça. O patinho ficou muito assustado, mas, como era inteligente, escondeu-se entre os juncos e nada lhe aconteceu.

26

🐢 When the lake recovered its tranquility he left as quickly as he could, flying over the forests and meadows.
Finally, he reached a half abandoned house where an old woman lived with a cat and a hen.

🐇 Assim que as coisas no lago voltaram a sossegar, foi-se embora o mais depressa possível, voando por cima de florestas e prados.
Por fim, chegou a uma casa meio abandonada, onde vivia uma velhota com um gato e uma galinha.

🐢 The little old woman kept it because she thought it would lay eggs, but the days went by and it didn't lay any. The hen and the cat treated him as if he was stupid and as he wasn't happy there, he decided to leave.

The autumn winds came, followed by the winter snow and the duckling did not feel at home, being unable to take shelter anywhere.

🐇 A velhota deixou-o ficar porque pensou que talvez pusesse ovos. Mas os dias foram passando e nada. A galinha e o gato tratavam-no como se fosse estúpido e não se sentia ali feliz. Resolveu então ir-se embora.

Chegaram os ventos do Outono, seguidos pela neve do Inverno, e o patinho sentia-se muito infeliz porque em lugar nenhum arranjava abrigo.

When the spring came, the duckling spread out his wings and discovered that they made more noise than usual and that he could fly much quicker.

On a lake, he found some magnificent swans that greeted him caressing him with their beaks. And when he saw his reflection in the water… he realized that his neck was longer and his feathers were white! He was a swan, just like them!

Quando veio a Primavera, o patinho abriu as asas e descobriu que faziam muito mais barulho que de costume e que conseguia voar muito mais depressa.

Num lago, foi encontrar uns cisnes magníficos que o acolheram, acariciando-o com os seus bicos. E quando olhou para o seu reflexo na água... viu que tinha o pescoço mais comprido e que as suas penas eram brancas! Era um cisne, tal e qual como eles!

🐢 He continued flying until he reached the yard from where he had come. When he arrived, everybody saw that he was much more handsome than any of the ducks that had thrown him out, but he didn't mind.
What mattered now was that he could finally be happy and nobody would want to throw him out ever again. The ducks and hens in the yard understood that you can't reject anybody just because they're different, because what really matters is having a good heart.

🐇 Continuou a voar, até alcançar o pátio donde tinha partido. Ao chegar, todos puderam ver que ele era muito mais bonito que qualquer dos patos que o tinham expulsado, mas isso não lhe interessava.
O importante era que, finalmente, ia poder ser feliz e nunca mais ninguém o ia querer mandar embora.
E os patos e as galinhas do pátio da criação perceberam que não se pode rejeitar ninguém só por ser diferente, porque o que é importante é ter um bom coração.

33

Let's make a mobile

Vamos fazer um mobile

30 cm

You will need:
A 30 cm long stick (you could also use a coat hanger), some fishing line, cardboard, colored paper, scissors, glue.

Precisas de:
Um pau com uns 30 cm (mas também podes usar um cabide), um pouco de linha de pesca, cartolina, papel colorido, tesoura e cola.

1

2

Preparation:

1. Look at the examples we propose and draw three or four ducks on the cardboard.

2. Cut them out.

3. You can decorate them with colored pencils or by sticking other cut-outs onto them. Make a hole in the upper part of each figure.

4. Cut the pieces of fishing line you need (one for each figure you have made) into different lengths (15 and 25 cm). Thread the fishing line through the hole in each figure and tie the other end to the stick or coat hanger.

Preparação:

1. Repara nos exemplos que te damos e desenha três ou quatro patos na cartolina.

2. Recorta-os.

3. Podes decorá-los com lápis de cor ou colando-lhes outros recortes em cima. Faz um buraco na parte de cima de cada figura.

4. Corta os pedaços de linha de pesca que vais usar (um para cada figura) em tamanhos diferentes (entre 15 e 25 cm). Passa uma ponta da linha pelo buraco de cada figura e ata a outra ponta ao pau ou cabide.

3

4

Hang your mobile where you like.
It will be fantastic!

Pendura o teu mobile onde quiseres.
Vai ficar fantástico!

FICHA TÉCNICA

O PATINHO FEIO / THE UGLY DUCKLING

Título original: *L'Aneguet Lleig*
Retold / Adaptação: Arianna Candell
Illustrations / Ilustrações: Daniel Howarth
Versão inglesa: Sally-Ann Hopwood
Copyright © Gemser Publications S. L., 2009
C/ Castell, 38, Teià (08329) Barcelona, Spain
Email: info@mercedesros.com
Website: www.mercedesros.com
Tradução © Editorial Presença, Lisboa, 2010
Tradução: Carlos Grifo Babo
Composição: Multitipo – Artes Gráficas, Lda.
Impressão e acabamento: China
Depósito legal n.º 289 688/09
1.ª edição, Lisboa, Fevereiro, 2010